Margot Weinand

AF220113

Berge verhüllt

Gedichte gereimt und ungereimt

Impressum
1. Auflage
© Januar 2021
Alle Texte sind von Margot Weinand
Herstellung und Verlag:
BoD - Books on Demand,
Norderstedt
ISBN 9783752626063

Inhaltsverzeichnis

Vorwort...9

Warum steht sie da? 10

Glück beschreibt 11

Sternenlicht.......................................12

Beobachtung im Juli 12

Lied im Wind 13

Sommerzeit..14

Sommerwiese 14

Sonne und Sterne 15

Naturschauspiel 15

Der herrliche Sommer.........................16

Wie war es 17

Herbst nimmt Abschied......................17

Wechsel zum Herbst..........................18

Wälder rauschen................................19

Herbsttag 20

Herbstliche Luft..................................20

Herbstlied...21

Spaziergang im Herbst 22

Gesegnetes Leben 23

Das Wort..23

Das Wort verliert sich nicht 23

Verschiedene Dienste........................24

Herbst auf der Alb..............................25

Bitteres Leben....................................26

Problem mit Freunden 26

Erste Woche im September 27

Frei von Sorgen.............................. 28

Vier Jahreszeiten............................. 28

Fürchte die Winterzeit 29

Frühling 30

Ernst des Lebens 31

Geburtstags Grüße im Oktober........... 32

Frühlingspflanzen 33

Meine Bitten 34

Leiter zum Himmel 34

Jahreszeiten des Lebens 35

Lavendel....................................... 35

Jahresstückeln 36

Berge verhüllt 36

Richtige Fassung............................. 36

Durchwachte Nacht.......................... 37

Durchforsche 37

Dein Wille 37

In der Winterszeit 38

Man bleibt im Gespräch 39

Deine Nähe 39

Tiefverschneit................................. 40

Langer Winter................................. 40

Umwelt 40

Winterspuren.................................. 41

Wald und Feld 41

Deine Zeit...................................... 42

Aus dem Herzen 42
Klopft der Winter langsam an 43
Regenspuren 43
Geschenke......................................44
Sommerfreude 44
Wintergedanke einer Urgroßmutter 45
Frühlingsanfang 46
Was wir von Corona erwarten 47
Gute Wünsche 48
Danke für Geschenke 49

Vorwort

Diese Gedichte sind eine Zusammenfassung erlebter Gedanken und Begegnungen aus der Vergangenheit und Gegenwart.
Auch über die Gedanken der Zukunft nachzudenken macht mir Iimmer wieder Freude.
Ich schreibe auch über unsere Natur und Nettigkeiten am Rande.

Mein Motto:
„Für alle Momente des Lebens ein Gedicht.“

Sie werden beim Lesen mein Motto erkennen. Ich wünsche Ihnen dabei, die gleiche Freude, wie ich sie beim Schreiben hatte.

Ihre

Margot Weinand

Warum steht sie da?

Menschen gehen ganz nah,
würde ihr gerne ins Gesicht sehen
trau mich nicht, sie bliebe stehen.
Sie ist allein Sie blickt nach vorne,
hat ihre träumende Haltung verloren.

Sie weiß er wird kommen,
und ahnt es benommen,
was um sie herum passiert.
Daran ist sie nicht interessiert
Gärtner legen neu die Beete an,
den Wind nimmt sie nicht wahr

Ihr Nackenlanges Haar gestaltet
Ihr langes Kleid schlägt Falten
Eine Kirchturmuhr schlägt
Viele Male, sie hat sie nicht gezählt
Sie wartet eine Ewigkeit lang
Liebenden gehört die Zeit ohne Bang.

Glück beschreibt

Glück zu beschreiben ist nicht schwer.
doch die Gedanken gehen hin und her.
Man fragt so nach dem er kam
und in dem er danach verschwand

was zeichnet die aus die glücklich sind
tragen tagein tagaus in reiner Seide
Um das die Nachbarn ihn beneiden.
Statusstreben mit viel Gier
nicht geeignet meint die Zier.

Nicht der Besitz vieler Dinge.
Was Glück für sich bedinge.
es folgt der Spur,
an einen Ort wo nur
immer gilt des Alltags Streben
simpel nur dem „einfach leben".

Sternenlicht

Sternenlicht fällt in die Dunkelheit
Gibt Herz und Schritten Sicherheit
Die Ewigkeit der langen Nächte
Das Geheimnis dieser Kräfte.
Alle wollen sie nur Ehren
die ihr Leuchten nicht verwehren.

Beobachtung im Juli

Spatzen, die sich im Efeu tummeln
dabei wie Insekten dann rummeln.
Frösche quaken am Teich.
Spinne erlebt volles Sonnenreich
Eichhörnchen springen zur Spitze.
Bei Schnelligkeit kann man Schwitzen.
-
Rennen, springen in einer Tour.
Einer oben ruft wo bleiben die nur.
Schön ist das Leben mit Tieren.
Sie laufen auf allen vieren,
sie mögen kein Stress,
doch lieben die Freude, wollen
dies immer den Menschen bezeugen.

Lied im Wind

Das Lied vom Wind erdacht,
sie sehnt die Nähe Tag und Nacht.
Er ist nicht da, sie bleibt allein
still um sie es kann nicht sein.

Wind wirft vom Baum ihr zu Füssen,
ein herzförmiges Blatt,sie zu grüßen.
Sie nimmt es, presst es ins Buch.
Wartet auf ihn, denkt es ist gut

Lauscht dem Wind der das Lied erdacht
ihr Herz bewegt lauscht und lacht.
Später ist aus dem Traum,
ohne ein fallendes Blatt vom Baum.

Lauscht nicht mehr, sie lebt und liebt
erfreut sich der Liebe die sich ergibt.

Sommerzeit

Ich geh durch warmen Regen
Verbringe müßig meine Zeit
Meine Sinne schlagen im Kreis
Ich aber erlebe Sommerzeit

Sommerwiese

Geht über die blühende Sommerwiese,
mit weitem Rock und nackten Füssen.
Leuchtenden Augen wehendem Haar,
ihr Herz klopft, sie will sich ihm nahen.

Sieht ihn mit ausgebreiteten Armen,
spürt seine Haut und seine Lippen.
Ein warmer Kuss, wie es erwiesen
rollt aufblühender Sommerwiese.

Sonne und Sterne

Rotgolden die Sonne unter geht
Mond bereits am Himmel steht.
Sterne in einer Pracht funkeln,
danach aber wird es dunkel.

Träume in den nächsten Tag,
was er uns wohl bringen mag.
Glaube weit mit frohem Mut.
leb in den Tag, alles wird gut.

Naturschauspiel

Unter dunklem Himmel die Autobahn.
Blaue Blitze mit Wiederholung
bizarre Form, durchbohrt Wolken.
Zeitgleich Donner mit lautem Krachen
Die Autobahn sie bleibt trocken,
ein riesiges Schauspiel der Natur.

Der herrliche Sommer

Bei schönem Wetter gerne draußen,
spüre Wind am liebsten von außen.
Weiches Moos die Sohlen streicheln,
Mücke tanzt um des Baumes Reigen.

Vogel findet Efeu und will es schaffen.
Mit Händen Tasten ist auch gestattet,
höre quakende Frösche vom Teich.
Unterhaltung die bis zu mir hin reicht.

Höre bis zu mir nur ein solch Gezeter,
nichts für mich hin zu dem Barometer.
Eingetaucht im Traum der Nächte
träume viel und was ich noch dächte.

Solch ein Sommer ist einfach schön,
jede Phase spüre von Ferne den Föhn.

Wie war es

Gab ich ein Lächeln weiter,
Reichte es Licht zu verbreitern,
Traurigkeit machte mich stumm.
Denke nach bei sinkender Sonne.
Sag danke es lohnte der Tag ist um.

Herbst nimmt Abschied

Herbst nimmt jetzt Abschied
wahrzunehmen ich vermied
mit ausglühenden Tageszeiten.
Sonne blieb mit Nettigkeiten.

Erlebte goldfarbig den Herbst,
dazu die Farben rot und gelb
Farben aller guten Weine.
Trinkt man gern in der Gemeinde.

Wechsel zum Herbst

Es meldet sich der Herbst,
vollendet ist des Sommers Werk.
Bunte Blätter fallen auf die Erde,
damit die Wege bunter werden.
Kahl ist bald der schöne Baum,
nicht mehr schön ist an zu schauen.

Novembernebel der zerreißt,
bedeckter Himmel, Sicht nicht reicht.
Laub verrottet in Nebelfetzen
Tau will die Äste noch benetzen
Baum wird bedeckt mit Schnee.
Die Ansicht ist dann wieder schön.

Wälder rauschen

Kinder lachten rutschten und plärrten,
zu hören am Zaun der nahen Gärten.
Nebel steigt, raschelnd fällt das Laub,
dann langsam auf die feuchte Erde.
Klipp klapp mit seinen Pferden

Kommt der Reiter dann nach Haus
Am Weiher eine kurze Zeit
Verweilt in seiner Einsamkeit.
Kahl die Bäume, rau der Wind
Die Strahlen ohne Wärme sind

Herbsttag

Herbsttag, wie ich keinen sah,
es raschelt von Bäumen fern und nah.
Luft ist still, als atme man kaum,
reife Früchte an jedem Baum.
Stört nicht die Feier der Natur,
langsam löst von den Zweigen nur.
die Ernte, die sich selber hält,

Herbstliche Luft

Herbstliche Luft, ist noch früh.
Natur erwacht, ganz ohne Müh.
Kaum sind die Tage vergangen,
hat der Herbst schon angefangen

Dichter Nebel, er steigt auf,
bunte Blätter dann zu hauf.

20

Herbstlied

Der Sommer Abschied nimmt,
Früchte in der Scheune sind.
Welke Blätter nicht nur färben,
gerollt am Boden verderben.

Man mit Freunden Pilze sucht.
auch oft den falschen Weg gebucht.
Drachen im Himmel steigen,
Burschen steuern an der Leine.

Spaziergang im Herbst

Mantelkragen hochgeschlagen
Spaziergang mit Unbehagen.
Es ist heut ein bisschen kalt,
wir gehen weiter in den Wald.

Noch wärmt die warme Sonne
Tag schenkt Freud und Wonne.
Es erfreut mich die warme Stube,
bin zu Haus bei meinen Buben.

Es herbstet weit und es stürmt,
dass man jetzt Gemütlichkeit übt.
Man erwartet eine kalte Zeit.
die noch lange ist nicht vorbei.

Gesegnetes Leben

Wer lebt ist viel unterwegs ständig
festgelegt, in Plänen und Wegen
Freude im Denken seinen Momenten.
Gut wenn alles sich regt unter Gottes
Segen steht

Das Wort

Über dem Wasser steht das Wort
Es bleibt im Wechsel der Sterne
Es bleibt die Zeit.
Der Himmel ist zu weit
Es ist wie ein Traum
Nicht so das Wort im Meeresschaum

Das Wort verliert sich nicht

In Stunden dunkler Nächte Verzage
nicht, Glaube an dich
Das Wort verliert sich nicht
denn in Stunden dunkler Nächte
Versanken die einst dunklen Mächte.

Verschiedene Dienste

Die Arbeit gilt schön und angenehm.
Manchmal hart und nicht zu verstehen.
Formen und Freundlichkeit täglich
Manchmal sogar auch kläglich.

Fühlt sich jemand wie Blatt im Wind.
Fügt zusammen was harte Tage sind
Gedanken im Kopf rumgeschwebt, weil
„drei von der Tankstell" fiel mir ein.

Dann „Grüne Damen" sollten es sein.
Eine Pausenstelle um Kraft Zu tanken
Das alles zu erhalten in Freizeitmesse
Ob Spiel oder, andere Interesse

hat nicht geklappt es sollte nicht sein
Ist nicht schlimm kann später mal sein

Herbst auf der Alb

Zeit lockt mit Wäldern und Felder,
spüre es in den Gliedern ohne Melder.
Schon jetzt wirkt es in den Bäumen,
es rauscht und man kann träumen.

Von weitem, die Kartoffelfeuer riechen,
sich die Hasen schnell verkriechen.
Die Dämmerung bricht rasch herein,
viele Vögel wollen bald im Süden sein.

Dahlien Arena in der Gruga leuchtet,
wie es Herbstes Freunde leicht deuten
Habe immer Lust zu einer Pause.
eigentlich will ich schnell nach Hause.

Ich bleib wie immer dicht am Wald,
denn ich find es herrlich auf der Alb.

Bitteres Leben

Nichts blieb was einst als Süßes galt,
wobei die Trauer wurde stark.
Doch Herz und Seele zu beschweren,
kann durch Bitteres verderben.

Du ahntest dunkel, kamst zum Wissen
wolltest bitteres gern missen.
Bleib beim Bitteren nicht stehen.
Nutze Süßes zum weiter gehen.

Problem mit Freunden

Freunde sind für dich da
sie stehen zu dir,
wenn du sie brauchst sind sie nicht da,
haben Andere zu denen sie gehen.
die sie nicht brauchen, sei drum froh,
dass du dieses Spiel erkannt hast.

Schmerzende Erinnerungen

Erinnerung in ihrem Herzen ist schwer,
sie spürt immer noch den Schmerz.
Rote Rose vor dem Bilde,
Stille die Gedanken bleiben Milde

Rosenduft beströmt den Raum
Wann bleibt der Schmerz ein Traum

Erste Woche im September

Draußen sitzen kann man kaum,
Um die Zeit braucht man den Raum.
Eine schöne Lampe zum Dimmen.
Ein Rezept, Speisen zu schlemmen.

Erlebte Gemeinschaft ist schön
man hat sich im Herbst dran gewöhnt

Frei von Sorgen

Sitze hier am frühen Morgen,
Kopf noch frei von allen Sorgen.
Möchte prüfen in der Zeit.
Ob es für ein Gedicht wohl reicht.

Nicht lange, sondern kurz und bündig,
ob im Marien-Garten, ich werde fündig.
Ziehe mich zurück, denn sonst wird nix
muss noch lesen, das heißt Pflicht.

Vier Jahreszeiten

Bäume glänzen durch Blüten
Nach kurzer Zeit werden es Früchte.
Voller Blüte der Raps er glänzt
Er spendel Öl macht daraus kein Hehl

Fürchte die Winterzeit

Fürchte oft die Winterzeit,
Blicke aus dem Fenster „es schneit".
Mit weißer Pracht fein zugedeckt.
Als weißer Mantel mit eigenem Zweck.

Blumen und Früchte aus Eis,
passen dazu, winterlich weiß.
Wer denkt nicht an die Kindheit zurück
Schnee verzaubert welch ein Glück.

Die ersten Flocken tanzen und doch,
Mitten im Bild ein mundgroßes Loch.
Knirschen im Schnee, wurde entführt,
habe eigenes Traumland aufgespürt.

Frühling

Der Himmel bekennt leuchtend Farbe
die Sonnenuhr bemüht zu warten
und wirft wieder leichten Schatten
Bäume streuen Blütenschnee

Wiese hat Löwenzahn-Teppich
in voller Größe ausgerollt.

Drei Vogelrufe von drei Stellen.
Wollen die Unterhaltung melden

Darauf habe sie einen Winter gewartet
Und freuten sich auch den Garten
man weiß nur, schnell um zukehren weil
Schwermut besitz wird erwehren.

Ernst des Lebens

Der Ernst des Lebens zu zweit erleben
Ziel vor Augen sie zusammenstehen.
Sie wissen beide, die Ehe ist noch gut.
Sie wurde erlebt wie Ebbe und Flut.

Es wurde dann von allen erfahren,
dass sie eine gute Ehefrau waren
für ihren Sohn ein liebendes Herz.
Und ihn erzogen mit Liebe und Scherz

Sie haben die Zeiten immer genutzt
abzuwarten die Zeiten gewusst
ernst des Lebens sich bezahlt
Frieden gelebt und Frieden man hat

Geburtstags Grüße im Oktober

Wie wird es im nächsten Jahr werden
ob es mehr Ärger gibt auf Erden?

Vielleicht werden dann auch künftig!
solche Leute noch so vernünftig!

Man hofft so oft auf manche Sachen
andere dann auch anders machen

an ist darüber sehr betrübt
es läuft nicht so wie man es liebt

So lange der Globus sich wird drehen
werden Menschen sicher gehen

ging mal wirklich was daneben
weil Sie darauf auch heftig streben!

Das war immer so vor tausend Jahren
der Mensch lebt dauernd in Gefahren

Die er sich aber oftmals selbst bereitet
weil ihm die Vernunft oft entgleitet!

Darum hoffen wir das künftig
gar viele Leute sind noch vernünftig

merken, dass in diesem Weltgetriebe
einfach fehlt die Zutat Liebe

Frühlingspflanzen

Pflanzen graben in der Frühlingssonne
werden die schönen Tage kommen.
Jetzt sind sie da, die schönen Tage,
noch nie so früh, in keinem Jahre.
was nützt uns denn die schöne Zeit
man eingesperrt zu Hause bleibt.
Wir blicken in unsern schönen Park.
Gedacht zum Kraft und Freude tanken.

Doch jetzt liegt alles wieder brach
es tragen Bäume keine Blütenblätter.
kommen spät beim schönen Wetter.
Man liebte einfach so den Brauch
Weit zu verreisen kam man raus.
Zu schwärmen von Stunden an Deck
mancher Schwarm führte zum Schreck

mancher ist wach geworden und gut.
Durch Nachdenklichkeit wird man klug.

Meine Bitten

Herr lass mich leben meine Phantasie.
Herr lass mir die Freiheit eines
taumelnden Herzens.

Was wären sonst Deine Berge,
der Wind und auch der Schnee

Leiter zum Himmel

Reden statt Schweigen
Wörter bereiten
Am Abend ich glaube

In rosaroten Wolken
Den Abend vergolden.

Jahreszeiten des Lebens

Früh ist die Jugend schnell dahin
Freude am Altar kommt geschwind

Kein Sklave sein an der Uhr
Wo so geredet wird, hört man auch zu

Frei werden für Geist und Sinne
Damit die Schönheit Raum gewinne

Das Haar wird silbern und Licht
Manch ein Traum auch zerbricht.
Am Ende ein Leben voller Erwartung.

Lavendel

Sie träumt und ruht dabei sich aus
Gleich neben dem Lavendelstrauch.
Zart will sie die Blüten streicheln,
und nicht von dem Dufte weichen.

Jahresstückeln

Jede Jahreszeit hat ihre Farben
Einige hinterlassen auch Narben
Es wechselt ständig
Einmal sind es die Mücken

Ein anderes Mal braucht man
Sogar zwei starke Krücken.

Berge verhüllt

Mächtiger Sturm die Berge verhüllt
du uns doch sicher nach Hause führst.
Durch das unendlich tiefe Tal
Hilfst Du uns auch dieses Mal

Richtige Fassung

Lass los was dich belastet
Halt fest, was Freude dir gibt
Erkenne, was Mut dir gegeben
Gute Freunde für dein Leben.

Durchwachte Nacht

Nach durchwachter Nacht.
Brummt der Kopf mit Macht.
Doch der Wecker schellt.
Pflicht in seiner Welt.

Lang zieht sich die Zeit,
bis zur nächsten Pausenzeit.

Durchforsche

Vieles ist mir fremd geworden
Habe mit Vertrauen geworben
Doch plötzlich, da hat es gefunkt
Darum durchforsche ich in die Zukunft.

Dein Wille

In ruhiger Leere bricht Fülle ein.
Verlass dich auf dich ganz allein.
Auf deinen Willen dann wirst du frei.
Dein Leben ist ausgefüllt mit dir allein.

In der Winterszeit

Sie hat sich leicht zur Ruhe gesetzt
schaut durchs Fenster freut sich jetzt

Temperatur im Ganzen, ist kälter,
Boden ist überall merklich härter.

Bäume mit zarter weißer Pracht,
werden angestrahlt mit Macht

Es wirkt wie unter einem Netz,
durch die Wärme leicht benetzt.

Winterzeit ist immer noch die Zeit,
gesellschaftlichen Beisammenseins.

Beim Kaminfeuer und Kerzenschein,
immer gemeinsam und niemals allein.

Man bleibt im Gespräch

Man spricht über Urlaubsfahrten,
hört hin, was die andern sagten.

Erwähnt Pläne der nächsten Saison
hofft für Alles richtiges Wetter gebongt.

Man spricht über Gott und die Welt,
und wie steht es um unser Geld.

Gespräche über das wirkliche Heute,
und wie die andern die Wahlen deuten.

Deine Nähe

Mir fehlen Worte will ausdrücken,
wie deine Nähe mich bewegt.
Unsere Blicke treffen sich,
finde Antwort zu einem Lächeln.

Deine Hände die mich berühren,
leise ein Hauch danke fürs bemühen.

Tiefverschneit

Viele tiefverschneite Baumgestalten,
durch alle Schneelandschaften
verzaubert wie ein Wintermärchen.
Zu allen Zeiten, noch ein Jährchen.

See-Frost zur Eisfläche dann blitzt
Man sieht wie die Jugend darüber flitzt

Langer Winter

Der Winter, er war viel zu lang
Vor lauter blech wurde uns bang
Den starken Wind o Graus
Uns ging allen die Puste aus

Umwelt

Bäume sie werden krank
Durch Abgase und Gestank
Doch unsere starken Lungen
Werden im der Zeit gezwungen

Winterspuren

Kufen - Laufen Spuren hinterlassen,
Frost- Kälte, konnte das Kind erfassen.
Um Kunststücke auf Eis zu erlernen,
man den Puck mit Wucht entfernte.

Träume wurden im Winter dann wahr,
als Feder zu tanzen in diesem Jahr.
Doch nimmt der Winter dann ein Ende,
Tau und Schneeschmelze wende

Spuren von Schnee und Eis verwischt.
Freude zum Eis und Schnee nicht ist.
Langsam wird es hell in der Natur,
wartet auf Freude in Wälder und Flur.

Wald und Feld

Strahlt des Winters Wald und Feld
Sternenhimmel über die weite Welt.
vernehme nur ein leises Schluchzen,
Durch Gedanken geht ein Drucksen.
Mein Herz steht in der Mitte der Nacht.
staune über die Schönheit in kalter
Winterpracht.

Deine Zeit

Zeit ganz leise doch geschwind,
oder stürmisch wie der Wind.
Eh du es merkst ist sie verweht,
wenn du an der Normaluhr stehst.
Sie verstreicht und du bleibst,
wartest ungeduldig in der Zeit.
Wenn du alles hast versucht,
keine Chance selbst gebucht.

Aus dem Herzen

Spuren der Vergangenheit,
sie verwischen mit der Zeit.
Zur Zukunft wollen wir gehen
bleibt Hoffnung, wenn wir sehen.

Viele Worte auf den Lippen,
bleib dabei viele zu tippen.
Manches Wort es wird vergessen
weil, es fehlt das Interesse.

Klopft der Winter langsam an

Blau ist der Himmel, bleiern die Luft.
Vergangen schon der Sommerduft.
Rieche Orangen, Tannen und Kerzen
Licht anzünden in unseren Herzen.

Regenspuren

Auf den Straßen der Stadt,
ist es sehr glitschig und nass.
Auf dem Weg nach Hause
Schlittert es leicht o graus

Schnelle Versuche zu Kommen heim.
Doch kein guter Weg, dass man eilt
Es finden alle dann nach einer Weile,
den Weg nach Hause, auch ohne Eile

Geschenke

Finde es schön was du machst,
in Liebe gut verpackt.
Will auch dazu Gedanken bündeln zu
einem Gedicht.
Freude leuchtet aus deinem Blick.

Sommerfreude

Trotz vorgeschrittener Stunde,
die Luft ist lau in dieser Runde.
noch ist eine Dämmerung in Sicht.
im Biergarten nicht so dicht.

Alles was uns im Gespräch bewegt
Wird durch unser Leben ausgelegt.
Bei guter Laune unter dem Stern,
genießen die Runde, haben uns gern.

Vor lauter reden hören wir nicht,
wie die Regenwolke zusammenbricht
Es nieselt und plätschert ganz leicht,
als frischer Regen die Erde erreicht.

.

Wintergedanke einer Urgroßmutter

Wenn es Winter wird, denk ich gerne,
an den Frühling in der Ferne
die Freuden des Sommers sind um,
als der Herbst mit allem drumherum.

Wenn es Winter wird in alten Tagen
Möchte ich einfach nicht klagen
Winterstürme gibst noch immer
Und ein herrlich Schnee Geflimmer.

Dankbarkeit immer und für alle Tage
Erinnerungen die ich pflege und trage.
Kann helfend meine Hände oft regen
Auch im Alter liegt er, der stete Segen

Wenn mir noch des Geistes Kraft
Lieb und Leben mit Freude schafft
Gedanken sich dann voraus bewegen
Das ist immer meines Winters Segen.

Frühlingsanfang

Möchte jetzt fragen wie es Dir geht
Und wie es um Deine Gesundheit steht
Mir fehlen die Nähe und die Wärme,
mir fehlt es, dass ich kann schwärmen.

ich gebe zu was mir fehlt bist du.
Ich will allein sein und ich will träumen
Und auch ausräumen.
Die Gedanken, die mich quälen
Und auch die, die ich noch zähle.

Wenn ich Dich mal nicht verstand, immer
hielten wir uns die Hand.
Doch die Trennung, die jetzt gilt,
das verstehe wer da will.

Dennoch denke nach, alles liegt brach.
Keine Umarmung als Liebes Zeichen.
Gilt heute als nichts dergleichen.

Was wir von Corona erwarten

Eingebunden im großen Verzicht,
will hoffen, dass es nicht vergeblich ist.
Dass wir alle doch zusammenhalten.
wenn wir einsam Ausschau halten,

dass alle auch Verantwortung kennen
und alles dann auch so benennen.
Es wird deutlich, dass es um
Gemeinschaft geht,

dass jeder dazu steht und überlegt
Auch die Worte findet zu einem Gebet.
Kreis der Natur wandelt seinen Lauf
die Zeit verrinnt wir wandeln auch

Gute Wünsche

An allen Tagen des nächsten Jahres,
Überraschungen darfst erfahren.
Darfst staunen was die Zeit dir bringt.
Darfst erkennen, es hatte seinen Sinn.

Oft zusammen in einer frohen Runde.
Mit den Lieben alle, Stunde um Stunde
Dein Leben auch in Freiheit gestaltest
Keinesfalls ausgegrenzt durchs Alter.

Dein Begleiter sei stets das Glück.
Verlorene Zeit, sie bleibt immer zurück.
Das Worte der Liebe dich treffen,
dass Du den Blick frei hast Wolken
siehst, die der Wind malt

Alles in allem unter Gottes Segen.
Für die Zukunft auf allen Wegen.

Danke für Geschenke

Es gibt doch immer noch viele Sachen
Die dich wieder glücklich machen.
Weiter zu binden, Lohn heißt Lachen.
Manche Idee hast du eingebracht.

Was nur du zum Gefallen machst
Will auch für das nächste Jahr
Mit Freuden rechnen Mal für Mal.
Du wirst mit mir durchs Jahre gehen
deine Träume kennen die Wege

Bereits erschienen im Bod Verlag

2018 meine Biographie:
     Stöbern im Schatz meiner
     Erinnerungen
2009 Kurzbiographie:
     Eine Heimleiterin erzählt

Gedichtbände:
2009 Alles hat seine Zeit
2009 Gelebter Glaube
2010 höre den Frühling
2011 Zeitwert
2019 Unser Sommer
2020 wünsche mir Zeit
2020 Lebensfreude
2021 Lebenstraum

Vita

1933 in Essen geboren
1939 Einschulung in Essen
1947 Schulpflichtende achtes Schuljahr
1947 soziales Pflichtjahr
1948 Lehre Kaisers Kaffee
1951 Abschluss Kaufmannsgehilfenbrief
1951 Beginn der Berufstätigkeit
      Und Weiterbildung Handelsschule
      Steno und Schreibmaschine
1958 Selbständig Einzelhandel
1965 Heirat
1970 berufsbegleitende Weiterbildung
1973 Berufung in die Jugendhilfe
1986 Berufung als Heimleiterin
      1999 Ruhestand, seit dieser Zeit
      schreibe ich
2003 Mitglied des Autorenkreises
2012 Witwe
      Meine zwei erwachsenen Kinder
      sind verheiratet. Ich habe drei
      Enkelkinder
      verheiratet. Habe drei Enkelkinder
2019 bin ich im Februar ins Matthias
      Jorissenhaus an der Bleiche 7
      eingezogen